Ye 2508

NAISSANCE

DE

S. M. LE ROI DE ROME,

ODE.

NAISSANCE

DE

S. M. LE ROI DE ROME,

ODE;

PAR P. DENNE BARON,
DE PLUSIEURS ACADÉMIES.

Aggredere, ô magnos, aderit jam tempus, honores,
Cara Deûm soboles, magnum Jovis incrementum.
VIRG. ECLOG. IV.

A PARIS,

DE L'IMPRIMERIE DE BRASSEUR AINÉ.

1811.

NAISSANCE

DE

S. M. LE ROI DE ROME,

ODE.

C'est ainsi que les bords de l'Ebre
Répétaient les divins accords
Du chantre amoureux et célèbre
Dont la voix sut toucher les morts :
« Race vouée à tous les crimes,
« Fils de Japet, justes victimes
« Des vengeances de Jupiter,
« Laissez à l'ours son cœur sauvage ;
« Soyez hommes, et de cet âge
« Que vos vertus domptent le fer.

«En vain vos soupirs à Cybèle
«Redemandent un âge d'or;
«De son sein devenu rebelle
«S'est tari l'antique trésor,
«Et, par vos bras fertilisée,
«Vos sueurs seront la rosée
«D'où naîtront ses fruits les plus doux.
«Ah! soyons heureux par nous-mêmes,
«Puisque, lassé de nos blasphèmes,
«Jupiter s'éloigne de nous. »

Laissons l'Hémus et le Rhodope
Admirer ces vaines chansons
Qu'un fils chéri de Calliope
Jadis érigeait en leçons:
Il crut sur sa lyre indiscrète
Dénoncer cette loi secrète
Qui régit ce vaste univers;
Sons inutiles; la nature
Accuse aujourd'hui d'imposture
Le chantre divin et ses vers.

Un siècle nouveau se révèle
Des champs du soir à l'orient;
La jeune Aurore renouvelle
Les roses de son front riant;
La Nuit en épurant ses voiles
Laisse éclater l'or des étoiles
Dont ses noirs lambris sont semés;
Et déjà nos maîtres célestes
Ont éteint les astres funestes
Dans leur saint courroux allumés.

Telle qu'aux premiers jours du monde,
De ses plus pompeux vêtemens
La Terre, désormais féconde,
Reprend les chastes ornemens:
De mille couronnes parée,
Elle marche dans l'Empyrée
Sous l'œil amoureux du Soleil,
Comme aux yeux d'un époux fidèle
Vers sa couche riche et nouvelle
Marche une vierge au front vermeil.

De tels prodiges vous étonnent,
Fils de Japet, peuple pervers!
— Quoi! dites-vous, ces dieux qui tonnent
Pardonnent-ils à l'univers! —
Rassurez-vous; réduits en poudre,
Quelques rochers seuls de la foudre
Attesteront le vain courroux :
Par un serment le ciel s'engage;
Sa clémence vous donne un gage
Du pacte qu'il fait avec vous.

Aux yeux l'Olympe se découvre;
Un rayon coule de son sein;
Une noble argile s'entr'ouvre,
Et reçoit le rayon divin :
Le Ciel nous sauve; un roi respire :
Tout s'accomplit; sur son empire
Cette étoile naissante a lui;
Enfant qui ne sait point encore
Que l'Univers entier l'adore,
Et que l'Univers est à lui.

Les dieux, qui font à leur image
L'âme des héros et des rois,
Par un salutaire esclavage
L'enchaînent aux communes lois;
Ils bâtissent de même argile
Son séjour étroit et fragile,
Pour que ces terrestres moteurs,
Par ce côté frères des hommes,
Soient de nous tous, tant que nous sommes,
Les amis et les protecteurs.

A peine aux portes de la vie,
Fils sacré des rois, tu parais,
Qu'aux Enfers la Haine et l'Envie
Se plongent et brisent leurs traits :
Le double trident de Neptune
Est le jouet dont la Fortune
Amusera tes jours nouveaux;
Oui, tant que fileront les parques
D'un or si pur, jamais monarques
N'auront appauvri leurs fuseaux.

De l'écharpe d'Iris Cyrnée
Revêt les brillantes couleurs ;
Au sein de la vague étonnée,
Prince, elle t'offre un lit de fleurs :
De ce globe antiques merveilles,
Un essaim de jeunes abeilles
Sur ces plages descend du ciel ;
Sans crainte des plantes amères,
Pour toi ces nourrices légères
Distillent l'ambre de leur miel.

Du creux de ses grottes profondes,
L'œil fier, le front cicatrisé,
Le Tibre regardait ses ondes
Rouler sur son sceptre brisé,
Quand, au doux cri qui vient de naître,
Il croit encore reconnaître
La voix de ses Césars éteints ;
Rempli d'amour et d'espérance,
Il abandonne à ton enfance
Son lit, sa gloire et ses destins.

Du trône branche fleurissante,
Illustre Enfant, croîs sur nos bords;
La Seine à ta bouche innocente
De son sein ouvre les trésors;
De violettes et de roses
Le long de ses rives écloses
Elle te compose un berceau :
Nourrice belliqueuse et tendre,
Elle seule a droit de prétendre
Aux honneurs d'un emploi si beau.

Du moins l'oreille de ta mère
Sera voisine de tes cris;
Là du moins tu verras ton père
Sourire à ton premier souris :
Un jour si la Gloire, jalouse,
Des caresses de son épouse
Lui dérobe quelques instans,
Près de ta mère aux temps d'absence
Tu lui rendras par ta présence
Du héros les traits éclatans.

Tel sur les sommets de Norwège,
Bientôt rival de l'aquilon,
Parmi de purs flocons de neige
S'essaie au vol un jeune aiglon;
Son œil sans baisser la paupière
Fixe du roi de la lumière
Le diadême radieux,
Tandis qu'aux plaines inconnues
Son père, l'habitant des nues,
Promène la foudre des dieux.

Près de ton trône indestructible
La Force, déployant son bras,
Sur une base incorruptible
Affermit tes vastes états :
Ton palais fournira les sources
Où, pour nous féconds en ressources,
Les dieux puiseront leurs bontés;
Et, dieu toi-même sur la terre,
Sans armer ta main du tonnerre
Tu verras tes droits respectés.

Ainsi dans un ciel pacifique
Purgé de foudres et d'éclairs,
L'astre du jour, roi magnifique,
Règne sur le trône des airs,
Et, sans voiles et sans obstacle,
Du monde admirable spectacle,
De fleurs couronne les buissons,
Des fruits anime la semence,
Enfante la forêt immense,
Et fait germer l'or des moissons.

NOTES.

PAGE 5, VERS 3.

*Du chantre amoureux et célèbre
Dont la voix sut toucher les morts :*

Orphée. On sait qu'il fut poëte et législateur ; c'est l'opinion d'Horace :

*Silvestreis homines sacer interpresque deorum
Cædibus et victu fœdo deterruit Orpheus;
Dictus ob hoc lenire tigreis rapidosque leones.*

HOR. ART. POET.

Ministre et interprète des dieux, Orphée apprit aux hommes sauvages à avoir horreur du meurtre et d'alimens impurs ; c'est ce qui fit croire qu'il avait apprivoisé les tigres et les lions rapides.

PAGE 5, VERS 6.

*Fils de Japet, justes victimes
Des vengeances de Jupiter,*

Le nom de Japet, Ἰαπετός, vient du verbe ἰάπτειν, *couvrir de malédictions, de blasphèmes.*

Hésiode, dans son poëme *des Travaux et des Jours*, dit que c'est du fils de ce titan qu'est venue l'origine de nos maux.

Jupiter loquitur:

Ἰαπετιονίδη, πάντων περὶ μήδεα εἰδώς,
Χαίρεις πῦρ κλέψας, καὶ ἐμὰς φρένας ἠπεροπεύσας;
Σοίτ' αὐτῷ μέγα πῆμα καὶ ἀνδράσιν ἐσσομένοισι.
Τοῖς δ' ἐγὼ ἀντὶ πυρὸς δώσω κακὸν, ᾧ κεν ἅπαντες
Τέρπωνται κατὰ θυμὸν, ἑὸν κακὸν ἀμφαγαπῶντες.

ΗΣΙΟΔ. Ἔργ. καὶ Ἡμερ.

C'est Jupiter qui parle:

Fils de Japet, le plus rusé d'entre les mortels, tu te réjouis d'avoir dérobé le feu céleste et d'avoir trompé ma prudence. Cette audace sera pour toi et tes descendans une source d'affreux malheurs; je donnerai les maux aux hommes pour présens, et je veux que dans le fond de leurs âmes ils chérissent et embrassent avec ardeur leurs infortunes.

PAGE 6, VERS 6.

Vos sueurs seront la rosée
D'où naîtront ses fruits les plus doux.

Terra spinas et tribulos germinabit tibi, et comedes herbam terræ, in sudore vultûs tui vesceris pane.

GENES. CAP. III.

La terre vous produira des épines et des ronces; vous vous nourrirez de l'herbe de la terre, et vous mangerez votre pain à la sueur de votre front.

PAGE 7, VERS 8.

> Et déjà nos maîtres célestes
> Ont éteint les astres funestes
> Dans leur saint courroux allumés.

Système des anciens touchant l'influence des astres sur les destinées humaines. Manilius commence ainsi son poëme *de l'Astronomie* :

> Carmine divinas artes, et conscia Fati
> Sidera diversos hominum variantia casus,
> Cœlestis rationis opus, deducere mundo
> Aggredior. . . . .
>
> MANIL. ASTRONOM. LIB. I.

> J'ose dans mes chants faire descendre sur la terre un art divin, la science des astres, œuvres de la céleste Providence, confidens du Destin, et moteurs des nombreux événemens de la vie humaine.

Lucain a dit :

> . . . . (viderunt) Crinemque timendi
> Sideris, et terris mutantem regna cometen.
>
> LUC. PHARS. LIB. I.

> On vit paraître la chevelure d'un astre redoutable, et la comète qui change la face des empires de la terre.

PAGE 8, VERS 5.

> Rassurez-vous; réduits en poudre,
> Quelques rochers seuls de la foudre
> Attesteront le vain courroux :

C'est avec un pinceau tour à tour sublime et tendre que le

bon La Fontaine nous peint ainsi la clémence paternelle du maître des dieux :

> Le tonnerre, ayant pour guide
> Le père même de ceux
> Qu'il menaçait de ses feux,
> Se contenta de leur crainte ;
> Il n'embrasa que l'enceinte
> D'un désert inhabité :
> Tout père frappe à côté.
> Qu'arriva-t-il ? Notre engeance
> Prit pied sur cette indulgence :
> Tout l'Olympe s'en plaignit,
> Et l'assembleur de nuages
> Jura le Styx, et promit
> De former d'autres orages :
> Ils seraient sûrs. On sourit ;
> On lui dit qu'il était père,
> Et qu'il laissât, pour le mieux,
> A quelqu'un des autres dieux
> D'autres tonnerres à faire.
> Vulcain entreprit l'affaire :
> Ce dieu remplit ses fourneaux
> De deux sortes de carreaux ;
> L'un jamais ne se fourvoie,
> Et c'est celui que toujours
>   L'Olympe nous envoie :
> L'autre s'écarte en son cours ;
> Ce n'est qu'aux monts qu'il en coûte ;
> Bien souvent même il se perd,
> Et ce dernier en sa route
> Nous vient du seul Jupiter.

LA FONTAINE, JUPITER ET LES TONNERRES, fable.

PAGE 9, VERS 15.

Le double trident de Neptune

L'empire de l'Océan et de la Méditerranée.

PAGE 10, VERS 1.

De l'écharpe d'Iris Cyrnée
Revêt les brillantes couleurs;

Cyrnée est l'île de Corse, ainsi appelée de son roi Cyrnus, fils d'Hercule; son nom le plus antique est Terapne. Cette île est aride et stérile.

PAGE 10, VERS 5.

De ce globe antiques merveilles,
Un essaim de jeunes abeilles
Sur ces plages descend du ciel;

L'opinion de Virgile est que les abeilles nous viennent du ciel :

Protinus aërii mellis cœlestia dona
Exequar...........
VIRG. GEORG. LIB. IV.

Je vais chanter les dons célestes des abeilles aériennes.

La Fontaine a dit après le poëte de Mantoue :

C'est du séjour des dieux que les abeilles viennent;
Les premières, dit-on, s'en allèrent loger
Au mont Hymette, et se gorger
Des trésors qu'en ces lieux les zéphyrs entretiennent.

Quand on eut des palais de ces filles du ciel
Enlevé l'ambroisie en leurs chambres enclose,
 Ou, pour dire en français la chose,
 Après que les ruches, sans miel,
N'eurent plus que la cire, on fit mainte bougie;
 Maint cierge aussi fut façonné.

LA FONTAINE, LE CIERGE, fable.

PAGE 10, VERS 8.

Sans crainte des plantes amères,
Pour toi ces nourrices légères
Distillent l'ambre de leur miel.

Le plus mauvais miel se trouvait dans la Corse et la Sardaigne, ces îles étant couvertes d'ifs et de ciguë, plantes funestes aux essaims. Virgile a dit :

Sic tua Cyrneas fugiant examina taxos.

VIRG. ECLOG. IX.

Que tes essaims fuient les ifs de Cyrnée.

PAGE 12, VERS 1.

Tel sur les sommets de Norwège,

Quoique le système mythologique domine dans cette Ode, il m'a semblé que je pouvais employer cette comparaison, qui n'est point prise de l'univers antique; l'imagination des poëtes a pour champ le monde passé, présent et futur : dans Milton il y a un grand nombre de comparaisons qui sont tirées du monde moderne ; témoin cette similitude :

(Satan) . . . . And call'd
His legions, angel forms; who lay intranc'd
Thick as autumnal leaves that strow the brooks
In Vallambrosa, where th' Etrurian shades
High over-arch'd imbow'r. . . . .

MILT. PAR. LOST., BOOK I.

(Satan) Contemple ses guerriers de frayeur éperdus,
Et sur le lac en feu tristement étendus.
Rien ne peut s'égaler à leur foule nombreuse;
Sous les profonds berceaux des bois de Vallombreuse,
Moins pressés, moins épais, des feuillages flétris
Au retour des hivers s'entassent les débris.

DELILLE, PARAD. PERD., CHANT I.

www.ingramcontent.com/pod-product-compliance
Lightning Source LLC
Chambersburg PA
CBHW070524050426
42451CB00013B/2843